NOTE

SUR LE DERNIER ÉCRIT

DE M. LE Vᵗᵉ DE CHATEAUBRIAND,

ET

SUR LES DOCTRINES CONSTITUTIONNELLES

DE CE NOBLE PAIR.

PARIS,

Chez LELONG, libraire au Palais-Royal, galerie de
bois, n° 233.

1818.

DE L'IMPRIMERIE DE DUBRAY.

NOTE

SUR LE DERNIER ÉCRIT

DE M. LE V^{ts} DE CHATEAUBRIAND,

ET

SUR LES DOCTRINES CONSTITUTIONNELLES

DE CE NOBLE PAIR (1).

———

Il y a trois ans, bientôt, que nous avions un ministère dont les membres étaient désunis d'opinion et d'intention. Les uns suivaient, sans le diriger, le mouvement assez vif

---

(1) Voir, pour apprécier les principes et les conséquences de ces nouvelles doctrines constitutionnelles, les écrits suivans :

Du Ministère dans un gouvernement représentatif, par M. de Vitrolles. — 1816;

De la Monarchie selon la Charte, par M. le vicomte de Châteaubriand. — 1816;

Note secrète, remise aux puissances étrangères le mars 1818;
Remarques sur les affaires du temps, de M. le vicomte de Châteaubriand. — 1818.

où s'était précipitée une grande partie de la Chambre des députés. Ce mouvement avait pour but principal la réforme rapide et complète de tout ce qui avait été fait depuis 1789. Les lois, les mœurs, les actes, les opinions qui ont pris racine pendant cette période, étaient l'objet d'attaques et d'insultes continuelles ; la nation était représentée comme souillée de crimes, de parjures, de spoliations, d'immoralité, d'irréligion. Tout y avait été illégitime et désordonné. Les résultats, qu'on voulait bien regarder comme inébranlables par la force du fait, devaient du moins être flétris. Sous le voile du 20 mars et de la sédition des cent jours, on poursuivait les hommes et les choses de toute la révolution. L'on arrivait ainsi à proclamer comme criminels, même les principes de raison, de bon ordre et de justice qui inspirèrent, il y a trente ans, à l'autorité royale, aux magistrats et à l'opinion publique le désir, ou pour mieux dire, le besoin de fixité et de garantie. Ces atteintes ne portaient pas sur de simples abstractions, elles frappaient directement sur les hommes. Il fallait au plus vite dépouiller de leurs emplois, et presque de leur état, tous ceux qui excitaient la méfiance des opinions les plus in-

tolérantes; l'exagération semait le mécontente-
ment, qui venait à son tour la motiver; triste
cercle, qui précipite les partis extrêmes dans
les mesures de despotisme et de terreur.

Cette marche rapide, dans un même sens,
n'était cependant dirigée vers aucun but précis
et défini. L'avenir du parti s'enveloppait dans
ces paroles vagues, ces pompeuses professions
de foi, où chaque passion, chaque intérêt privé
vient se rallier; voyant dans ces apparences nua-
geuses, tout ce qui fait l'objet de ses vœux in-
dividuels. Personne ne guidait cette ardente
foule; elle ne montrait nulle déférence, nulle
considération pour les ministres qui lui obéis-
saient. Elle les voulait pour serviteurs, non
pour guides, et les préférait non pour leur
capacité, mais pour leur complaisance. Les chefs
qu'elle semblait reconnaître étaient divisés par
leur ambition ou leurs vues; les uns avouaient
assez hautement le désir de changer la forme
du Gouvernement; les autres croyaient en pouvoir tirer assez de puissance pour vaincre le
parti opposé, et discipliner le leur.

De sorte que cette majorité bruyante mar-
chait à l'aventure, sans renfermer en elle-même
de quoi acquérir le gouvernement des affaires.

Il ne faut pas dire que ce fut modestie et ab-négation de la part de ces chefs ; ce sont phrases bonnes à imprimer, que personne ne croit, pas même ceux qui les font. Les hommes qui avaient de l'ambition, ou pour qui l'on en avait, jouèrent donc alors tout leur jeu ; et cela est fort naturel. Mais chaque fois qu'on en venait aux grands moyens ; quand il fallait mettre un ou deux ministres en accusation, parce que le hasard avait sauvé une tête de l'échafaud ; quand il fallait concerter quelque adresse au Roi pour lui demander le renvoï des ministres ; lorsque même on allait trop loin en invectives, la majorité échappait et laissait en avant les enfans perdus du parti. Cette portion mitoyenne et timide des assemblées, qui se meut par impulsion plus que par persuasion, lâchait pied, quand on voulait la mener trop loin. Si bien, que ce fut un vrai supplice de Tantale pour certains hommes ; le ministère était là devant eux, vacant, pour ainsi dire ; mais le porte-feuille s'échappait dès qu'ils voulaient y porter la main.

Ce fut à cette époque qu'un de leurs habiles, un de ces gens fertiles en bons conseils et en grandes finesses, voulut du moins donner à son

parti un encouragement. Dans un petit écrit
(*du Ministère dans un Gouvernement représentatif*), assez spirituellement tourné, il dé-
montrait que si le pouvoir ne leur appartenait
pas encore, cela venait tout justement de ce
que la nature et le mécanisme du gouvernement représentatif n'étaient pas biens connus.
» Nous ne sommes point ministres, disait-il,
» mais dans les règles nous devrions l'être. » C'est
toujours une consolation; c'est celle du Bour-
geois gentilhomme, lorsqu'il est battu par sa
servante, parce qu'elle n'entend pas l'escrime.

En effet, est-il rien de plus risible que des
gens qui professent l'admiration du gouvernement représentatif, et qui se plaignent toujours
de ne pas avoir l'autorité ? Prenez-la, peut-on
leur répondre, soyez ministres, si vous pouvez;
quand vous y serez, tenez-vous-y; les faits en
jugeront. Comment ! vous avez eu, dites-vous,
une majorité à vous dans la Chambre des députés ? Vous aviez dans le conseil trois ministres
selon votre cœur et selon votre esprit ; le flot
de l'opinion avait même quelque chose qui
vous était très-favorable, si vous l'aviez su
saisir avec justesse; et avec tout cela, vous
avez échoué. Faut-il donc qu'il y ait en vous je

ne sais quoi d'incompatible avec la somme, telle petite qu'elle soit, de raison, de prévoyance et de mesure, nécessaire à un gouvernement quelconque.

Cela vient de ce qu'il n'y a rien de si faux et de si frivole que le fondement de cette prétendue doctrine constitutionnelle, produite, pour la première fois, dans l'ecrit que nous rappelons. Depuis, on a fait une véritable note dont la devise pourrait être : « *La Charte arrangée à l'usage de ceux qui n'en veulent pas.* »

Examinons toute cette théorie :

Un gouvernement réprésentatif ne peut marcher qu'à l'aide d'un parti :

Or, il n'y a que deux partis en France : l'un des deux est si horrible qu'il faut, à tout prix, l'écarter du pouvoir ;

Donc le gouvernement représentatif consiste à confier l'autorité à un parti, sans avoir l'alternative de l'autre ;

D'où il est clair que la liberté et toutes les garanties doivent résulter d'un pareil gouvernement.

Que ce puéril sophisme suffise pour fournir des paroles toutes rédigées, à la tourbe vulgaire d'un parti ; cela se conçoit. Il faut bien faire, aux gens sans esprit, des symboles, pour qu'ils les répètent sans les comprendre ; mais que des hommes de talent ne cessent, depuis trois ans, de ressasser de telles pauvretés, cela est plus malaisé à imaginer.

On ne gouverne qu'avec un parti, dites-vous ; mais qu'est-ce qu'un parti, qu'une faction ? Croyez-vous que ce soit une corporation régulière, disciplinée, obéissant à des chefs ? Est-ce vous qui la conduisez, ou bien vous êtes-vous faits ses instrumens ? Ouvrez le premier livre d'histoire, consultez le témoignage de tous ceux qui ont vécu dans des temps de trouble, ou plutôt ne fermez pas les yeux à ce qui est là devant vous, soyez de bonne foi avec vous-mêmes et avec nous. Les chefs d'un parti sont à ses ordres ; ils n'aspirent, s'ils ont quelque discernement, qu'à détruire l'échafaudage qui les aura portés au pouvoir ; ils savent bien que, sous peine de tomber, il leur faudra au plus vite trahir toutes les espérances absurdes, qu'on avait mises en eux. Aussi nous donne-t-on à entendre qu'on saurait avoir cette politique. Une fois arrivés, nous dit-on, comme nous avons donné des gages à notre parti, comme il ne se méfie pas de nous, ce nous sera chose facile d'être raisonnables et prudens, sans qu'il s'en doute, ou bien sa confiance en nous est telle, que nous lui persuaderons que nous faisons pour le mieux. Ah! que l'esprit de parti est bien plus avisé et plus impatient! que sans délai, il viendrait vous requérir de tenir vos promesses, de contenter toutes ces ardeurs d'opinions, accrues par la contrainte et l'espérance, de satisfaire cette foule d'intérêts privés, de donner proie à ses vengeances, de mettre ses ennemis sous ses pieds; que bientôt, vous entendriez retentir à vos oreilles, les mots indemnités, restitutions, droits acquis; alors que feriez-vous pour tant de gens à qui vous avez donné prise sur vous, qui seraient là, vous demandant l'absurde et l'impossible? Vous avez, dites-vous, donné des gages à votre parti; mais l'un de vous en aurait donné plus, l'autre moins; mais l'un de vous serait plus frappé de l'inconvénient d'accorder, l'autre de l'inconvénient de refuser. Les différences de caractère deviendraient des différences d'opinions : l'un voudrait garder son crédit sur le parti, c'est-à-dire lui obéir, l'autre y verrait sa perte et celle de l'État, et se tiendrait sur la réserve. Près de celui-là viendraient se ranger les vaincus et les persécutés ; avant peu il serait à la tête d'un autre parti, qu'il faudrait combattre. Ainsi, à mettre les choses pour le mieux, nous serions revenus au point d'où nous sommes partis. Dans des temps comme les nôtres, c'est avoir un petit esprit que d'attribuer toujours le cours des choses et la marche des affaires, aux individus ; il y a des tendances et des nécessités plus fortes que les hommes d'état. L'habileté consiste à les prévoir ; ceux qui ne savent point s'en rendre compte, sont jugés par cela seul, et sont incapables du gouvernement. Il est heureux qu'ils ne puissent le saisir, car il s'écroulerait en de telles mains.

Ainsi, les ministres qui ouvrirent la session de 1815 avaient tous donné des gages irrécusables de leur attachement au Roi ; et si c'était du Roi qu'il s'agissait, aucun d'eux ne pouvait inspirer de méfiance ; ce qui leur est arrivé serait arrivé à d'autres ; cette triste scène d'un gouvernement faible, incertain et divisé, que nous avons eue sous les yeux durant une année, commencerait encore, si l'on revenait à la même situation. Il n'y a pas deux possibilités dans la marche du gouvernement, il n'y en a qu'une, et heureusement elle ne dépend de personne. On peut faire beaucoup de mal à la France, en essayant de la gouverner contre ses habitudes actuelles, contre ses souvenirs récens, contre les intérêts nouveaux de ses citoyens, mais ceux qui voudront faire cet essai, y périront.

Aussi, voyez quelle secrète inquiétude agite ces mauvais politiques, quelle méfiance de leur propre faiblesse se glisse parmi les rodomontades de leurs projets. Tantôt, entraînés par les habitudes de faction, ils parlent de gagner des partisans au Roi, de faire des royalistes. Ils ont pour cela des recettes admirables et d'infaillibles séductions. Tout comme s'il était un autre artifice, une autre habileté pour un Roi, que de gouverner selon les lois et la justice, avec impartialité, et en faisant respecter l'ordre public contre tous les perturbateurs ; tout comme si l'on séduisait la masse d'une nation, autrement qu'en assurant son repos, favorisant son industrie, honorant ses opinions et respectant ses habitudes.

Tantôt se méfiant du charme de leur autorité, il s'agit de tendre sur toute la France un habile réseau d'oppression. Le succès du gouvernement reposera sur les prévôts et les capi-

taines de gendarmerie. Il faudra avoir des tri-
bunaux, dévoués à autre chose qu'à la justice,
des évêques, à autre chose qu'à la religion. Tous
devront être, non les agens de la puissance au-
près du peuple, mais les limiers d'une faction,
d'une faction veillant avec soin pour ses intérêts; c'est ainsi qu'avec du temps, on domptera
le pays; ne faut-il pas qu'il obéisse? Il n'y a que
deux partis en France, l'un doit être anéanti;
donc l'autre doit régner sans trouble et sans
partage.

Mais aujourd'hui la doctrine reçoit encore
une bien autre interprétation, et ce goût déclaré pour un gouvernement libre, représentatif se manifeste par un symptôme nouveau et
singulier.

Jusqu'ici l'on ne s'était adressé, pour obtenir
ce pouvoir dont on est si avide, qu'aux passions
de son propre parti; aujourd'hui que l'on craint,
par l'affranchissement complet de la patrie,
de perdre une dernière apparence de force,
un dernier espoir de succès, on s'en va, avec
une bassesse sans exemple, mendier l'appui et
l'intervention des armées étrangères. On leur
dit, avec une infâme naïveté : « Nous avons
» été trop faibles pour monter à l'autorité.

» Notre Roi et notre pays n'ont pas voulu se
» confier à nous; de grace, en partant, posez-
» nous dans le pouvoir que nous n'avons pas
» su atteindre; que ce soit-là votre dernier
» adieu, votre testament de départ; en quit-
» tant le sol français, laissez-lui du moins
» quelque chose de vous. »

Si rien pouvait ajouter à une telle ignominie, ce serait d'y joindre encore l'hypocrisie de l'amour de la patrie, de la liberté et de la Charte. Cependant, grâce à ces misérables tartuferies, cette ignoble négociation trouve un illustre défenseur. Le croirait-on ? Cette note dont on désavoue la signature, on en avoue l'intention et les principes; on en expose les fragmens à l'admiration et à la reconnaissance nationales; on parle de fidélité, de pureté, à propos de ceux qui conjurent l'étranger de porter les mains sur la France. En vérité, quel n'est pas le délire de l'esprit de parti ? Il se vante de ce dont on tremblait de l'accuser ; il écrit sa propre condamnation ; il se jette au devant de l'arrêt d'opprobre qui le menace.

Au reste cette note aura son utilité, surtout puisqu'elle est si peu niée, et que la faction à qui elle était imputée, la prend, pour ainsi dire, à son compte ; ce sera un témoignage éclatant et nouveau de ses désirs et de sa tendance ; on saura encore mieux par là à qui on a affaire.

Le motif principal pour lequel on implore les étrangers, c'est que sans eux, sans ce coup d'épaule qu'ils viendraient donner aux nouveaux amis de la liberté et du gouvernement représentatif, la révolution triomphera. Mais que veulent dire ces paroles, qu'entend-on aujourd'hui par *la Révolution*.

La France était sans lois politiques ; conséquemment et le pouvoir royal et les pouvoirs intermédiaires, et les citoyens manquaient d'appui et de garantie. Les choses les plus importantes dans un état étaient dans un vague indéfini ; les intérêts généraux étaient administrés à l'aventure, et pour ne pas entrer dans tous les détails, les finances du royaume, où viennent se rattacher tant de causes de prospérité, tant de principes de morale publique et de justice privée, étaient, depuis un siècle, dans le plus honteux désordre.

Toutes les classes de la nation voulurent une réforme, que le trône invoquait aussi, afin de retrouver de la force et de l'action. Bientôt quelques hommes s'aperçurent qu'ils perdraient à l'établissement des règles uniformes et générales ; ce qui devait être une réforme heureuse et paisible, devint un sanglant combat. Il fut horrible ; mais l'issue n'en fut ni douteuse, ni tardive. Depuis, beaucoup d'années se sont écoulées dans des essais plus ou moins funestes, pour régler la France telle qu'elle s'est trouvée après le résultat de ce choc. Un nouvel état de la société, d'autres relations des citoyens entre eux, des mœurs toutes différentes, des déplacemens de propriété, un changement complet dans les influences, un autre peuple en un mot, étaient sortis des ruines de l'ancien ordre. Ce peuple mal gouverné d'abord, puis fortement discipliné par un despotisme qui se rendit funeste et odieux, ce peuple a eu ses intérêts à lui, ses guerres, ses traités, sa gloire, ses souvenirs. L'Europe le connaît, et sait quelle est sa force morale et réelle. Elle l'a vaincu deux fois ; deux fois, il a recueilli de sa défaite la chance de substituer aux dominations révolutionnaires et tyranniques, le gouvernement constitutionnel, un Roi consacré par toute la religion des souvenirs, une famille dont les droits héréditaires au trône n'ont pas besoin

de s'appuyer sur le despotisme et les con-
quêtes.

Par-là, la France a dû espérer le repos, la
justice et le bonheur ; mais du reste, que peut-
il y avoir de changé dans l'état de la nation ?
Quels sont ces hommes, qui veulent bien pardon-
ner à leur pays , qui lui promettent indulgence,
qui auront des ménagemens pour ses intérêts
matériels, mais qui en flétriront l'origine ; qui,
à la moindre contradiction, insulteront tous
les citoyens, leur reprocheront leur vie passée ,
qui s'étonneront et se blesseront de tous nos
souvenirs, qui regarderont toute notre patrie
comme ayant sans cesse vécu en révolte et en
trahison , qui enfin nous sont plus étrangers,
que ces autres étrangers dont ils mendient l'assis-
tance? Où nous ont-ils vaincus , pour parler de
la sorte? Ce ne sont pas eux qui sont entrés à
Paris, au 30 mai 1814 ; ce n'est pas pour eux que
s'est déclaré le sort des combats à Waterloo ;
quand le Roi a été rappelé au trône par le vœu
de son peuple , ce n'a pas été pour leur avan-
tage particulier; c'était pour consolider, régler
et garantir l'ordre actuel de la nation , et non
pour le changer et la châtier.

La révolution serait redoutable et requerrait

une répression, si elle était à faire; mais ce n'est pas de cela qu'il s'agit, elle est faite : ses résultats demandent l'ordre public, le maintien paisible et honoré de ce qui est, le respect des existences et des propriétés nouvelles. Ce qui était attaqué, il y a trente ans, est devenu possession. Prendre les choses comme elles sont, et les mettre hors d'atteinte, est évidemment le symptôme d'un esprit opposé aux révolutions et aux bouleversemens. Mais, dira-t-on, vous honorez l'iniquité; votre devoir, ne pouvant la punir, est de la flétrir sans relâche, et de donner ainsi des leçons de morale publique. D'abord, on trouvera assez simple que, même si tout ce grand zèle était bien pur et bien motivé, les gens destinés à en subir les atteintes, y missent quelque opposition et s'en irritassent beaucoup. On raconte qne, pendant les guerres des Pays - Bas, quelques régimens espagnols s'étaient révoltés; la chose fut si grave, qu'il fallut, non pas les punir, mais traiter avec eux. Le premier article de leur capitulation fut, que quiconque les traiterait de rebelles serait puni de mort.

Ainsi il ne s'agit nullement d'honorer et d'encourager un esprit subversif des sociétés, puisque au contraire tout dérive de l'esprit de conservation et de garantie. Il faut donc reconnaître, au juste, l'état des choses, et n'en rien cacher, pour que ceux qui doivent se rassurer, se rassurent; pour que ceux qui doivent se résigner, se résignent. Nous vivons sur le terrain de la France nouvelle. Voilà ce qu'il faut bien entendre. Le Roi y a posé son trône constitutionnel; en assurant à la nation la jouissance de tout son état actuel, il a placé nos garanties dans les principes et les formes légales, qui furent réclamés, il y a trente ans, par de bons esprits et de dignes citoyens. Il a accompli les vertueux désirs de son malheureux frère.

Telle sera sa gloire ; quelque chose qui arrive, ce règne sera illustre pour la France; ce sera une ère remarquable où les mœurs nouvelles , où la composition actuelle de la société, où les idées modernes des hommes , sur leurs relations mutuelles, auront pris une assiette régulière et seront devenues le guide et le soutien d'un gouvernement légitime.